Evelyne Zuber

La Femme et le Dragon,
Une lutte séculaire

Apocalypse
Chapitres 12 à 14

Du même auteur :

« *Lève-toi et va…vers la vie* » Bible et Résilience,
(Ed Empreintes/Temps présent, à paraître Avril 2018)

« *L'Apocalypse, un message d'espérance* »
Éditions BoD (Fév 2015)

« *J'habiterai au milieu de vous, Sanctuaire terrestre et sanctuaire céleste* » Ed BoD (Mai 2013*)*

« *L'Arbre de Vie, un interdit ou une promesse ?* »
Coll. Plaisir de Vivre, Éditions Vie et Santé (Nov 2012)

Série de dix brochures *«Dis, Maman, explique-moi…»*
Éditions Vie et Santé (1994)

Etudes bibliques hebdomadaires sur le blog :
www.bibleetviechretienne.hautetfort.com

Illustration de la couverture : *Tapisserie d'Angers, L'Apocalypse, La femme et le dragon, 14ème siècle.*

Evelyne Zuber

La Femme et le Dragon, Une lutte séculaire

Apocalypse
Chapitres 12 à 14

Tous droits de reproduction totale ou partielle
et de traduction réservés

© 2018 Auteur Evelyne Zuber
Éditeur : BoD-Books on Demand,
12/14 rond point des Champs Élysées, 75008 Paris, France
Impression : BoD-Books on Demand, Norderstedt, Allemagne
ISBN : 978-2-322-10321-8
Dépôt légal : Février 2018

« Je vous ai dit ces choses avant qu'elles arrivent, afin que quand elles arriveront, vous croyiez » dit Jésus.
« Quand vous verrez tout cela, sachez que le Fils de l'Homme est proche, à la porte ! Redressez-vous et levez vos têtes, car votre délivrance approche ! »

(Mat 24.33 ; Luc 21.28,31)

À mes chers lecteurs,

Comme dans mon précédent ouvrage sur l'Apocalypse[1], ne vous attendez pas avec ce volume complémentaire consacré aux trois chapitres centraux de la vision prophétique de Jean, à trouver un écrit savant, exégétique ou théologique. Mon intention demeure la même : mettre à la portée de tous ceux qui, attirés par les prophéties du temps de la fin, sont rebutés par leur langage hermétique et leurs images fantastiques, une interprétation la plus fidèle possible aux textes bibliques qui donnent sens à ces images. Mon projet dans cet ouvrage est en effet de décrypter les images de ces chapitres, « selon l'analogie de la foi[2] », c'est-à-dire en me référant aux seules Ecritures où on les retrouve, afin de découvrir leur sens ainsi que les promesses et les messages d'espérance qui soutiennent la foi des croyants. Au fil des différents plans de cette séquence primordiale du livre de l'Apocalypse, peut-être comprendrons-nous mieux comment nous situer, nous croyants du 21ème siècle, dans le déroulement

---

[1] « Le message d'espérance de l'Apocalypse » (Ed BoD, 2015)
[2] Romains 12.6

de l'Histoire et quelle est notre mission particulière. Quand on examine les prophéties bibliques, on s'aperçoit qu'elles s'inscrivent toutes, à plus ou moins longue échéance, dans l'histoire humaine. Les prophéties individuelles se réalisent du vivant de la personne concernée, comme par exemple les années de folie prédites à Nébucadnetsar, roi de Babylone[3]. Les prophéties messianiques ont annoncé cinq cents ans avant, la venue de Jésus, et se sont réalisées au détail près, au point que les sages d'Hérode interrogés sur le lieu prévu pour la naissance du Messie, ont su répondre que ce serait à Bethléem[4] ! Quant aux prophéties concernant le peuple d'Israël dispersé et son retour au pays, on peut constater qu'historiquement la prophétie s'est réalisée par étapes, un retour d'exil à Babylone en 536 av JC, où la nation juive est née, et un retour contemporain en 1948, où l'Etat d'Israël a été créé. Mais ces réalisations restent partielles, car le vrai retour prophétisé est spirituel, c'est le retour à Dieu et au Sauveur Jésus-Christ, que l'apôtre Paul espère de tout son cœur avant la fin des

---

[3] Daniel 4 : prophétie du grand arbre coupé
[4] Matthieu 2.6

temps[5]. Au vu de ces réalisations historiques des prophéties bibliques, comment ne pas chercher à voir les réalisations dans notre Histoire des prophéties du temps de la fin, dites eschatologiques, surtout après la recommandation de Jésus lui-même : « Quand vous verrez ces choses arriver, sachez que le Royaume de Dieu est proche, et relevez vos têtes, parce que votre délivrance est proche[6]. » ? C'est cette démarche qui m'a conduite à étudier plus spécifiquement les trois chapitres centraux de l'Apocalypse.

Que cette lecture vous permette non seulement de comprendre le message de ces trois chapitres mais aussi d'en voir toute l'actualité pour mieux vivre en chrétien les événements prophétisés, quand ils se réalisent sous nos yeux !

---

[5] Romains 11.26-27
[6] Luc 21.28, 31

Schéma de construction de l'Apocalypse

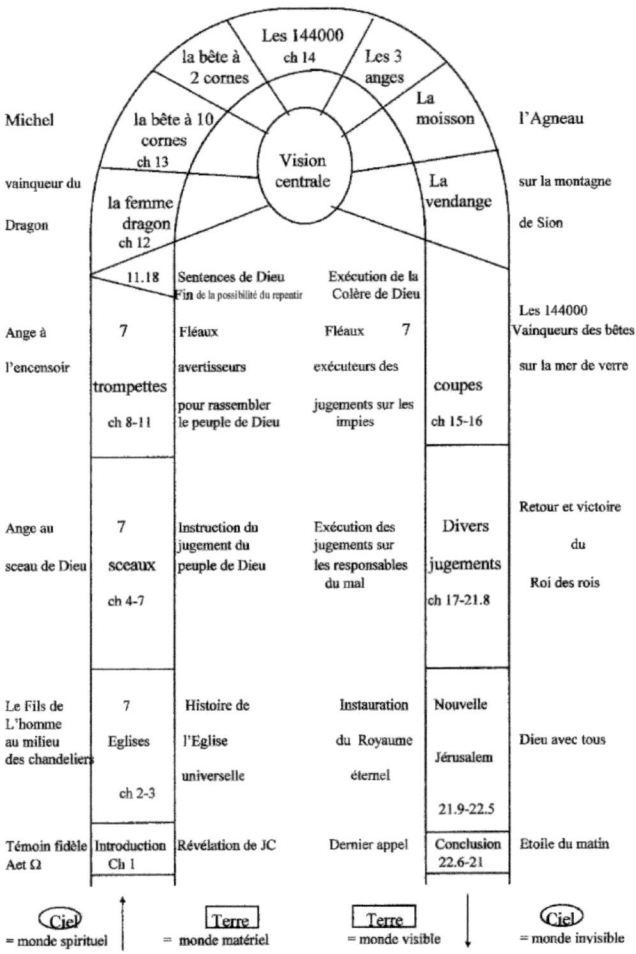

Introduction

La construction du dernier livre de la Bible a toujours intrigué les lecteurs et les commentateurs. Elle a été l'objet de beaucoup d'interprétations particulières selon qu'on en fait une copie du livre de Daniel ou qu'on s'attache au genre apocalyptique plus ou moins fantasmagorique des livres contemporains des premiers temps du christianisme. Toutefois la connaissance des principes linguistiques de la langue hébraïque biblique ayant augmenté, (selon Daniel 12.4, elle devait l'être dans la fin des temps !), l'originalité de la construction du livre de l'Apocalypse est apparue aux yeux des lecteurs attentifs et scrupuleux dans leur respect du principe hébreu du parallélisme concentrique.

En effet au lieu de la pensée linéaire occidentale qui développe une idée de son point de départ à sa conclusion en alignant les arguments de façon à placer dans la conclusion toute l'importance du texte, la pensée orientale et hébraïque en particulier raisonne par séries d'idées successives, mises en parallèles les unes aux autres autour d'un axe central qui contient l'idée essentielle sur laquelle on veut faire porter toute l'attention.

Ainsi peut-on distinguer dans le « film » de l'Apocalypse une construction que j'assimile pour sa forme à une cathédrale dont voici le plan :

- Une introduction (ch 1.1-18) parallèle à la conclusion (22.6-21). À la présentation initiale de l'auteur et de son sujet, Révélation de Jésus-Christ, correspond son dernier appel à l'Eglise dans la conclusion du livre.
- Une première séquence, les 7 Eglises sur terre, parallèle à la 7ème séquence, la Nouvelle Jérusalem céleste.
- Une deuxième séquence, les 7 sceaux du Jugement de Dieu, parallèle à la 6ème séquence des divers Jugements de la Terre.
- Une troisième séquence, les 7 trompettes, parallèle à la 5ème séquence des 7 plaies frappant les impies.
- Au centre enfin trois chapitres, qui constituent comme une vision condensée, révélant les dessous de l'Histoire humaine. Le schéma précédent peut en donner un aperçu, imparfait certes, mais je l'espère parlant.

Dans le chœur, au centre de cette cathédrale, trois chapitres constituent la vision centrale du livre. Elle révèle sous forme de symboles très pittoresques les dessous de l'Histoire du peuple de Dieu à travers les siècles, depuis la naissance du Christ. Elle met en lumière la lutte spirituelle qui oppose les disciples du Christ aux puissances de ce monde soumises au Dragon qui les manipule (ch 13), car il a été relégué sur la terre après sa défaite, vaincu par le Christ crucifié et ressuscité (ch 12). Enfin cette vision centrale se termine sur le tableau du peuple de Dieu resté fidèle, chargé de lancer un dernier appel au monde avant sa fin (ch 14).

La construction de ces trois chapitres suit aussi la règle du parallélisme concentrique. Au chapitre 12 révélant en trois tableaux la lutte de la Femme contre le Dragon, répond le chapitre 14, détaillant en trois plans le portrait, les messages du peuple fidèle et le tri parmi les hommes de la fin des temps. Au centre, le chapitre 13, présente les trois puissances terrestres qui, comme agents du Dragon, se sont efforcées et s'efforcent encore de détourner de Dieu ses fidèles.

Apocalypse de la reine Eléonore de Provence (1242-1350, Cambridge, Trinity College).

Chapitre 12
La Femme et le Dragon (ch 12.1-6)

Pour comprendre les images symboliques de ces trois chapitres, en restant le plus possible fidèle à la Parole de Dieu, il est nécessaire de se reporter sans cesse aux textes des Ecritures qui les utilisent, en tenant compte évidemment de leurs contextes littéraire et historique !

Au début de la vision centrale de l'Apocalypse « apparaît dans le ciel un grand signe ». La localisation de ce grand symbole nous indique qu'il porte un sens spirituel[7]. Sa taille détermine l'importance de sa signification aux yeux du « voyant » et des lecteurs du livre.

La femme a toujours été dans la Bible l'image du peuple de Dieu, fidèle ou infidèle à son Epoux divin. L'exemple le plus clair se trouve dans l'histoire d'Osée, prophète dans le Royaume du Nord, juste avant la déportation en 722 av JC. Dieu se servit de sa vie, comme

---

[7] Le ciel s'oppose à la terre, pour exprimer ce qui est du domaine spirituel et invisible physiquement, en contraste avec le monde matériel et visible de la terre. (Voir en particulier 1 Cor 15)

celle de son contemporain en Juda, Esaïe, comme « signe » pour avertir le peuple[8]. Osée dut incarner dans son couple la relation de Dieu avec son peuple, considéré par Lui comme une « prostituée » parce qu'infidèle à son alliance[9]. Les enfants nés de cette union porteront des noms symbolisant le rejet de l'Eternel dans lequel vit le peuple « Donne-lui le nom de Lo-Ammi, car vous n'êtes pas mon peuple, et je ne suis pas votre Dieu[10] ». Le prophète doit aimer cette femme infidèle comme l'Eternel aime ses enfants d'Israël[11], pour lui montrer toute sa bienveillance jusque dans son infidélité. Il espère le guérir en lui promettant « d'être son fiancé pour toujours, par la justice, la droiture, la grâce et la miséricorde[12] ».

Sous l'inspiration de l'Esprit, 150 ans plus tard, Jérémie, prophète de Jérusalem avant et après sa chute devant les troupes babyloniennes, reprend la même image de la

---

[8] Esaïe 8.18 : « Avec les enfants que l'Eternel m'a donnés, nous servons de signes et de présages en Israël de la part de l'Eternel »
[9] Osée 1.2 : « Va prends une femme prostituée, car le pays se prostitue, il abandonne l'Eternel »
[10] Osée 1.9
[11] Osée 3.1
[12] Osée 2.21

femme prostituée, pour appeler le peuple infidèle au repentir et obtenir le pardon de Dieu[13].

Tirés de livres prophétiques, ces deux exemples entre autres, nous autorisent, selon la loi d'interprétation exprimée par l'apôtre Paul[14], à voir dans la femme apparue au prophète Jean, une représentation symbolique du peuple des croyants dans son ensemble. Les paraboles de Jésus sur les noces ou les dix vierges ont déjà assimilé le peuple des croyants à l'épouse de Dieu[15]. L'image est reprise par l'apôtre Paul pour symboliser l'Eglise, l'épouse de Christ : « Je vous ai fiancés à un seul époux, pour vous présenter au Christ comme une vierge pure », écrit-il aux Corinthiens[16]. Dans la suite de l'Apocalypse, l'épouse fidèle de l'Agneau est préparée pour ses noces, et appelle de ses vœux la venue de son Seigneur[17].

---

[13] Jérémie 3
[14] 1 Cor 14.32 : « l'esprit des prophètes est soumis aux prophètes » et Romains 12.6 : « Si nous avons le don de prophétie, exerçons-le en accord avec la foi » en Jésus-Christ annoncé par les autres prophètes.(TOB)
[15] Mat 22.2 ; 25.1-13 ;
[16] 2 Cor 11.2 ; voir aussi Eph 5.25-30
[17] Ap 19.7 ; 21.2 ; 22.17

La métaphore du chapitre 12 se poursuit pour donner une idée de l'état spirituel de la Femme : elle est revêtue du soleil, la lune sous ses pieds et une couronne de douze étoiles sur la tête[18]. Que de lumières pour nimber cette femme !

Le soleil est une image biblique fréquente pour exprimer l'éclat de la gloire divine que nul homme ne peut voir sans mourir, mais qui se lève chaque jour pour donner vie et chaleur à chaque créature ! Malachie prophétise la venue du Messie comme le lever du « soleil de Justice[19] », et Zacharie le père de Jean-Baptiste reconnaît en Jésus « le soleil levant qui nous visitera d'en-haut[20] ». Jean dans le prologue de son évangile nous apprend que Christ est la véritable lumière qui éclaire tout homme[21].

Notre texte nous indique que la femme est « revêtue du soleil ». Le vêtement est un symbole fréquent de la personnalité de celui qu'il revêt. Dans la Bible, il représente pour Esaïe le salut offert par Dieu,

---

[18] Cette image a inspiré l'auteur du drapeau de l'Union Européenne, sans connotation religieuse.
[19] Malachie 4.2
[20] Luc 1.78
[21] Jean 1.9

pour Ezéchiel l'alliance avec Dieu ; Le Sage des Proverbes revêt la femme de valeur « de force et de gloire », et pour Paul, nous sommes revêtus de Christ[22].

Entourée de la lumière et de la grâce divine, la Femme-peuple de l'Apocalypse peut vivre et se tenir debout, fermement appuyée sur ce qui, à l'image de la lune qui reflète la lumière du soleil, reflète la personne de Christ, Parole de Dieu. Les Ecritures sont en effet le miroir de la volonté de Dieu, la révélation de son amour en Jésus-Christ, le fondement solide de la foi du croyant. Mais comme la lune renvoie une lumière imparfaite par rapport à celle du soleil, on peut y voir le symbole de l'Ancienne Alliance qui a reflété imparfaitement la lumière de Christ. La Femme représenterait alors le peuple de Dieu qui a revêtu Christ et fait alliance avec lui et qui, s'appuyant sur les révélations de l'Ancienne Alliance, est à la charnière des deux alliances, à ce moment de l'histoire, où elle s'apprête à mettre au monde un enfant.

Les douze étoiles dont elle est couronnée font allusion aux étoiles de la vision du jeune Joseph dans la

---

[22] Pro 31.25 ; Esaïe 61.10 ; Ezéchiel 16.8 ; Galates 3.27

Genèse[23] où elles représentaient ses frères, les patriarches fondateurs du peuple hébreu. De même, Daniel reçoit la promesse que ceux qui ont enseigné la justice, brilleront à perpétuité comme des étoiles[24]. On peut y voir une prophétie des douze apôtres, dont l'enseignement dure toujours après deux millénaires !

Toute cette lumière qui entoure la Femme, l'épouse de Christ, suggère sa mission d'éclairer les ténèbres du monde de la lumière de Dieu, diffusée dans la Parole qui a été transmise par ses fondateurs hébreux et chrétiens.

Le verset 2[25] a fait croire, au moins dans l'Église catholique, que la *femme enceinte et dans les douleurs de l'enfantement*, pouvait représenter Marie, la mère de Jésus. Or à la naissance de Jésus, ce sont les bergers qui symbolisent le peuple de Dieu qui attendait le Messie[26]. Ce sont eux qui ont été éclairés au sujet de sa naissance par l'annonce angélique. Le Messie a été enfanté au sein du peuple de Dieu de l'ancienne alliance, qui en a éprouvé

---

[23] Gen 37.9
[24] Daniel 12.3
[25] Je reprends ici de larges extraits du livre « Le message d'espérance de l'Apocalypse » publié par l'auteur chez www.BoD.fr
[26] Luc 2.8-11

les souffrances et les difficultés, selon le récit du massacre des Innocents[27]. La description de la souffrance de l'enfantement souligne la nature humaine du Christ, et aussi la nature humaine de sa mère, soumise aux conséquences douloureuses du péché dans le monde ![28]

Au verset 3 du ch 12, l'autre signe est l'apparition du *dragon rouge*, dont le verset 9 donne l'explication : *c'est le serpent ancien, appelé le diable et Satan.*

Les sept têtes et les dix cornes qui caractérisent ce dragon trouvent leur explication au chapitre 17, grand chapitre des explications ; il y est dit : les sept têtes sont les sept montagnes, sur lesquelles la femme est assise[29]. *Ces sept montagnes sont traditionnellement considérées comme les sept collines de la ville de Rome, où l'Eglise s'est associée à l'Empire romain à partir du 4ème siècle.*

Mais le verset 10 du ch 17 précise que les sept têtes *sont aussi sept rois* successifs, ce qui indiquerait la durée du pouvoir du monstre. Le verset 12 explique que *les dix cornes sont dix rois,* sans royaume, mais exerçant un

---

[27] Matthieu 2.13-18
[28] Genèse 3.16 : » Je rendrai tes grossesses très pénibles et c'est avec peine que tu accoucheras »
[29] Ap 17.9

pouvoir simultané. Ces rois indiqueraient donc l'étendue dans l'espace du pouvoir du monstre.

En rapprochant ces données de la prophétie de Daniel 7.7 où le quatrième animal, terrible, épouvantable et extraordinairement fort, porte dix cornes, on peut comprendre que le dragon de l'Apocalypse représente dans ce chapitre 12, à la charnière des deux alliances du peuple de Dieu, le pouvoir de l'empire Romain, instrument de Satan. De cet empire sont issus les dix pouvoirs qui lui ont succédé en Europe, comme nous le comprenons aussi dans la vision de la statue aux jambes de fer et aux dix orteils de fer mêlés d'argile[30]. Nous avons ici l'indication de l'espace occupé par le pouvoir du dragon romain. Les sept têtes seraient le symbole de sept manières successives d'exercer ce pouvoir, sept systèmes de gouvernement utilisés par Satan contre le peuple de Dieu[31].

---

[30] Le nombre 10 n'est pas à prendre à la lettre, mais symboliquement comme le minimum nécessaire et suffisant pour constituer un groupe religieux ou politique.
[31] Le chiffre 7 symbolise la totalité, la plénitude

« *La queue du dragon entraînait le tiers des étoiles du ciel, et les jetait sur la terre* »[32]. Dans le langage symbolique et prophétique biblique, rappelons que « la queue et les étoiles du ciel » ont un sens précis. Esaïe 9.14 déclare que « *L'ancien et le magistrat, c'est la tête, et le prophète qui enseigne le mensonge, c'est la queue* ». Dans une prophétie il prononce ces mots contre le roi de Babylone, symbole de Satan « *Te voilà tombé du ciel, Astre brillant…Tu disais en ton cœur …J'élèverai mon trône au-dessus des étoiles de Dieu* ».

Ce texte répond aux questions que l'on se pose à propos de l'origine du mal. Satan aurait désiré s'élever au-dessus de toutes les créatures angéliques, dont il faisait partie autour du trône de Dieu, comme chérubin protecteur : « *Je monterai sur le sommet des nues, je serai semblable au Très-Haut* »[33].

Les mensonges de Satan ont entraîné *un tiers des anges* à s'éloigner de Dieu, et les ont précipités sur la terre, c'est-à-dire que la déchéance de leur condition restreint leur pouvoir au seul domaine de la terre. Le

---

[32] Ap 12. 4
[33] Esaïe 14.12-14

combat qu'ils mènent contre Dieu n'est plus direct, mais se fait contre la Femme, le peuple de Dieu sur la terre. Il est réconfortant de savoir que les anges fidèles au Seigneur sont deux fois plus nombreux que ceux qui se sont laissé séduire par Lucifer ! Les anges de Dieu sont « *des esprits au service de Dieu, envoyés pour exercer un ministère en faveur de ceux qui doivent hériter du salut[34]* ». Dieu n'abandonne pas son peuple à lui-même, dans le combat que Satan lui livre, pour l'éloigner de Lui.

Le fils, mis au monde par la femme, doit « paître toutes les nations avec une *verge de fer* » (12. 5). On retrouve la verge de fer dans les mains du vainqueur de l'Église de Thyatire, donc dans un même contexte de lutte contre Satan (Ap 2.27).

Des textes comme « *Le Seigneur frappe de la verge tous ceux qu'il reconnaît comme ses fils* », et « *De sa bouche sortait une épée aiguë, pour frapper les nations ; il les paîtra avec une verge de fer* »[35], on peut déduire que cette verge de fer est un instrument de jugement, tenu par le Christ. Au Psaume 2.9, elle sert à briser les nations révoltées

---

[34] Héb 1.14 : 1 Pi 5.8
[35] Hébreux 12.6 ; Ap 19.15

contre Dieu. On peut l'assimiler à *l'épée aiguë* avec laquelle elle est mise en parallèle dans Ap 19.15. Or on sait que la « *Parole de Dieu est plus tranchante qu'une épée quelconque à deux tranchants »*[36]. On en conclut que Christ conduira les nations par sa Parole et les jugera sur ce qu'elles en auront fait.

L'enlèvement du fils auprès de Dieu et de son trône fait allusion à sa résurrection et à son ascension. Le hiatus qui apparaît dans la vie du fils entre sa naissance, mentionnée au début du verset 5, et son ascension à la fin du verset, est comblé par la partie centrale de ce chapitre 12, dans les versets 7-12[37]. Cet enlèvement auprès de Dieu est une bénédiction pour les croyants qui peuvent compter sur l'intercession et la protection de leur Seigneur libéré des limitations de son corps terrestre, dans l'espace et dans le temps. « *Il vous est avantageux,* avait dit Jésus à ses disciples, *que je m'en aille auprès du Père, car je vous enverrai le Consolateur* » (Jean 16.7).
L'histoire de la femme reprend au verset 6. La femme s'enfuit *dans le désert* ; le désert est dans la Bible le lieu où

---

[36] Hb 4.12
[37] Voir l'explication dans notre 3ème partie p 303

Dieu appelle son peuple à le rencontrer, pour faire alliance avec lui[38]. C'est aussi le nom que les Huguenots donnèrent au lieu de refuge qu'étaient les montagnes cévenoles où ils pouvaient célébrer leur culte, à l'abri des persécuteurs. Par extension, ce fut le nom donné aux pays de refuge des protestants pourchassés, qu'Ap 13.11 appelle *la terre*. Dans le désert, la femme est nourrie par Dieu pendant 1260 jours. Ce temps correspond aux années de persécutions des croyants fidèles à la Parole, pendant le Moyen-âge, annoncées par la prophétie de Daniel sous la formule « un temps, des temps et la moitié d'un temps »[39].

Lutte de Michaël et du dragon (13ès)

---

[38] Exode 3.18 ; Osée 2.16

[39] Dan 7.25. Dans cette prophétie, le mot « temps » représente une année, il s'agit donc de trois ans et demi, ou 1260 jours. Dans le langage prophétique, les indications de durée s'interprètent selon les paroles de Dieu à Moïse (Nb 14.34) « Vous porterez vos fautes 40 ans dans le désert, *une année pour chaque jour* » et à Ezéchiel (4.5-6) : « Tu porteras la faute de Juda 40 jours ; je t'impose *un jour pour chaque année* ».

La sollicitude de Dieu est inépuisable : pendant cette longue durée de 1260 ans, où son peuple dans le désert souffre de la solitude et des dures conditions de vie, Dieu le nourrit de sa Parole Il le fortifie ainsi contre les attaques du « dragon » Satan, qu'incarnent les puissances persécutrices décrites au chapitre 13.

Au centre du chapitre 12 (v 7-12), le second tableau s'attarde sur le **combat spirituel entre Michaël et Satan,** et annonce avec allégresse la victoire du Christ-Agneau et « des frères accusés devant Dieu jour et nuit ». Cette victoire, acquise à la croix, ne sera parachevée qu'au retour de Christ. En attendant, Satan vaincu, déchaîne sa fureur sur la femme, image du peuple de Dieu[40]. Examinons de plus près les détails de ce tableau au centre du chapitre 12.

Selon le procédé littéraire du récit hébraïque[41], les versets 7-9 présentent d'une façon générale le conflit cosmique qui opposent deux camps d'êtres célestes, et en

---

[40] Ap 12. 10,11,13 ;
[41] Introduction générale qui donne les grandes lignes ou étapes de l'événement, suivie d'une reprise de détails importants

donne tout de suite la conclusion : la chute du dragon et de ses anges sur la terre.

À quel moment de l'histoire situer ce combat ? Traditionnellement ce combat est placé avant la Création[42]. Pourtant le cri du ciel : « Maintenant le salut est arrivé ! » peut nous permettre de situer ce combat au moment de la crucifixion, où Christ, par le don de son sang, offre le salut aux hommes. Selon Luc 10.18, cette chute a lieu chaque fois que la foi remporte la victoire sur les attaques ou les séductions de Satan.

Les détails de ce combat viennent après l'introduction générale. Le verset 9 indique que le dragon *séduit toute la terre*, ce qui ne peut être placé avant la Création, comme le confirme son qualificatif d'accusateur des frères au verset 10 : il est déjà à l'œuvre sur la terre au moment où le cri de victoire est poussé par la voix céleste. Enfin le verset 13, qui mentionne pour la troisième fois la chute sur la terre du dragon, fait réapparaître la femme, qui dans le premier tableau avait fui dans le désert (v 6).

---

[42] Esaïe 14.12-15 et Ezéchiel 28.12-17

On peut donc reconstituer la chronologie de ce combat spirituel, à la fois cosmique et terrestre, comme suit :

v 7 : Révélation du combat cosmique

v 1-5a : Ses manifestations terrestres : lutte contre le peuple des croyants et contre Jésus enfant

v 8-12 : Défaite de Satan lors de la mort de Christ

v 5b : Résurrection et ascension de Christ

v 6 et 13-18 : Poursuite du combat sur la terre contre le peuple des croyants, devenu l'Église.

Qui sont les acteurs de ce combat ? Le verset 9 donne l'identité détaillée du *dragon*, afin qu'il n'y ait pas de confusion possible. Le *serpent ancien* est une allusion directe au récit de la Création (Gn 3). *Les anges* qui sont précipités avec le dragon sont ceux qui l'ont écouté et ont été séduits par ses mensonges (v 4). D'après les versets 1.20 et 12.4, ils représenteraient un tiers de la totalité des anges. Voilà donc le camp des adversaires de Dieu bien défini.

Mais qui est celui qu'on appelle **Michaël ou Michel** ?

Son nom signifie en hébreu : « Qui (est) comme Dieu ? ». Il apparaît dans la Bible cinq fois[43]. Pour comprendre qui est ce personnage, examinons dans quel contexte il est chaque fois mentionné.

Dans l'Apocalypse, il s'agit d'un combat céleste contre Satan. Dans Jude, Michaël conteste avec le diable et lui dispute le corps de Moïse. Il s'agit aussi d'un combat entre puissances célestes ou spirituelles.

Les textes de Daniel demandent plus d'attention. Le verset d'en-tête du chapitre 10 mentionne que Daniel reçoit la révélation d'une parole véritable, qui annonce une grande «calamité», ou une grande «guerre»[44]. Daniel comprend, par cette prophétie des chapitres 10 à 12, la signification de la vision précédente au chapitre 9. Pour la première fois l'ange Gabriel vient lui donner des explications, en réponse à ses efforts de compréhension[45]. Daniel avouera d'ailleurs un peu plus tard (12.8) qu'il n'a pas tout compris, malgré les explications de l'ange ! Mais ce qu'il a saisi, c'est qu'il y a un grand combat dans le ciel

---

[43] Daniel 10.13 et 21 ; 12.1 ; Jude 9 ; Ap 12.7
[44] Bible annotée de Neuchâtel
[45] Dn 8.15, 27

entre les forces du bien et celles du mal. Jusqu'alors on croyait que Dieu dominait tout. Quelques rares textes mentionnaient l'adversaire de Dieu[46]. Mais ici Dieu lui-même révèle à Daniel le conflit céleste ou spirituel.

Le verset 2 montre Daniel *en prières et en deuil pendant trois semaines*. L'ange, au verset 13, indique que *le chef du royaume de Perse lui a résisté pendant 21 jours*. C'est le même laps de temps, qui se termina par la décision prise par Cyrus d'autoriser le retour des Juifs à Jérusalem. Ce verset 13, fait état de *Michaël, l'un des premiers chefs, ou le principal des chefs*, qui a assisté l'ange dans sa lutte contre *le chef du royaume de Perse*. L'ange précise ensuite qu'il est resté auprès des *rois de Perse*. Le texte hébreu utilise deux mots différents pour chef (sar) et pour roi (melech). Le « chef » (sar) du royaume de Perse désigne un personnage céleste, un ange qui résiste à l'ange interlocuteur de Daniel.

Daniel, par sa prière insistante, a déclenché un mouvement dans les armées célestes. Comme dans la vision de l'échelle de Jacob (Gen 28.12) l'armée angélique

---

[46] Lévitique 16 avec les rites de l'expiation, Job 1.6-12, Esaïe 14.12-15, Ezéchiel 28.12-19, Zacharie 3.1-2

s'est mise en marche en faveur de Daniel et du peuple juif. Dieu révèle à Daniel que la lutte intérieure de Cyrus pour prendre sa décision s'accompagne d'un combat céleste ou spirituel entre les armées de Dieu et les armées d'un ange adversaire (sar). Dans ce combat céleste, Michaël apparaît comme *le défenseur des enfants du peuple de Daniel* (12.1).

Paul nous dit que Christ est *le seul médiateur, toujours vivant pour intercéder en faveur de ceux qui s'approchent de Dieu par lui.* L'apôtre Jean ajoute que « *nous avons un avocat auprès du Père, Jésus-Christ le juste* » [47], toujours prêt à « *défendre notre cause* » (Jér 50.34) contre les accusations de Satan. Michaël est le nom de guerre du Christ, dans ses relations avec les anges.

En effet, selon les principes de la communication, il faut que l'émetteur, pour pouvoir être compris de l'interlocuteur, se mette à son niveau de langage et de réception. L'interlocuteur doit pouvoir s'identifier au moins en partie avec son vis-à-vis. Ainsi la seconde personne de la Divinité s'est incarnée sous la forme de

---

[47] 1 Ti 2.5 ; Hb 7.25 ; 1 Jn 2.1.

Jésus-homme, pour pouvoir communiquer avec les hommes. Elle se présente aussi sous l'identité de l'archange (= chef des anges) Michaël, pour communiquer avec les armées angéliques, alliées ou adverses. Si Michaël est le défenseur de son peuple, l'Apocalypse révèle qui en est l'accusateur : Satan (12.10).

Quel est donc le sujet de litige entre ces deux puissances célestes ?

Pour Ésaïe (14.14), Dieu reproche à Satan, sous la figure du roi de Babylone, d'avoir prononcé ces mots : « Je monterai sur le sommet des nues, *je serai semblable au Très-Haut ».* Le nom de Michaël (= Qui est semblable au Très-Haut ?) est une réponse à Satan. Christ ne s'impose pas par une affirmation de sa ressemblance avec Dieu, du genre de celle que Paul écrit aux Colossiens : « Il est l'image du Dieu invisible...*en qui habite toute la plénitude de Dieu »*[48]. Christ préfère contester les prétentions de Satan par une interrogation qui l'interpelle et met une pointe d'humour ou d'ironie dans leur dialogue ! Il est le

---

[48] Col 1.15, 19. Voir aussi Ph 2.6 : *Jésus-Christ, existant en forme de Dieu n'a point regardé comme une proie à arracher d'être égal à Dieu,* et Hb 1.3 : *Etant le reflet de la gloire et l'empreinte de la personne de Dieu*

seul à pouvoir relever le défi de Satan et à lui arracher le corps de Moïse pour le ressusciter, selon le texte de Jude 9.

Tous les textes qui mentionnent Michaël le désignent donc comme celui qui répond, en faveur de son peuple, aux attaques et accusations de l'ange Satan, et qui décide de l'issue du combat.

Dans ce combat cosmique, l'Apocalypse nous révèle que l'épisode central est la mort et la résurrection de Jésus-Christ, et que l'issue est la réhabilitation de Dieu et de son peuple, et l'élimination définitive des forces du mal : « *Maintenant le salut est arrivé, et la puissance et le règne de notre Dieu, et l'autorité de son Christ, car il a été précipité, l'accusateur de nos frères, celui qui les accusait devant notre Dieu jour et nuit* » (12.10). « *Celui qui vaincra héritera ces choses, je serai son Dieu et il sera mon fils, mais pour les lâches, les incrédules...tous les menteurs, leur part sera dans l'étang ardent de feu et de soufre, qui est la seconde mort* » (21.8).

L'événement central de la croix et de la résurrection marque la défaite de l'Adversaire et de ses anges, qui « *ne furent pas les plus forts, et leur place ne fut plus dans le ciel »* (v 8). Ne pas être le plus fort, dans une économie fondée sur les rapports de force, c'est aussi avoir tort. Avant la mort du Christ sur la croix, comme le révèle le prologue de Job, Satan avait encore accès au « ciel » considéré comme le monde spirituel de Dieu. Il y accusait Dieu, à travers les hommes, en présence de tous les anges qui pouvaient encore se laisser séduire.

Quelle était son argumentation possible ?
Il prétendait que - Si l'homme pèche, c'est que la loi de Dieu est impossible à observer. Donc Dieu n'est pas amour, puisqu'il exige de l'homme quelque chose d'impossible. - De plus, Dieu est injuste puisqu'il protège un pécheur. Satan réclamait ainsi la mort de l'homme puisqu'il était pécheur[49].

Dans la vision de Jean, au centre du chapitre 12 relatant le grand conflit cosmique, se fait entendre une voix forte criant (v 10) : *Maintenant le salut est arrivé !* C'est la seule expression au présent dans un passage où tous les verbes sont au passé. L'action du salut est intemporelle. Si elle a été accomplie dans l'histoire, elle a

---

[49] N'est-ce pas là un argument de l'Islamisme terroriste actuel, qui prêche la mort de tous les non-musulmans ?

une valeur toujours présente, à quelque moment de l'histoire que ce soit, pour celui qui l'accepte.

En quoi le sacrifice de Jésus fait-il tomber l'accusation de Satan contre *la puissance, le règne* et la légitimité de *l'autorité de Christ (v 10)*?

- Jésus répond à l'accusation que la loi est trop dure à observer pour l'homme, par son obéissance parfaite en tant qu'homme. Il meurt sans péché, prouvant que l'homme en communion avec Dieu peut ne pas pécher. Donc les accusations de Satan contre l'homme tombent, en tout cas à propos de Jésus. Satan ne peut pas dire que Jésus meurt à cause de son péché. Il est pris à son propre piège.

- Par sa mort pour que les hommes vivent, Jésus prouve son amour inconditionnel et désintéressé. La mort de Jésus démontre définitivement que les allégations de Satan sur l'absence d'amour de la part de Dieu, sont fausses.

Avant cette mort volontaire, les anges pouvaient encore avoir des doutes sur les affirmations de Satan. Maintenant ils sont au clair sur les intentions et les mensonges de l'ange rebelle, et ne sont plus sensibles à ses idées. C'est pourquoi il est dit que « *sa place ne fut plus trouvée dans le ciel »* : n'ayant plus de crédit ni d'influence parmi les anges fidèles, il n'a plus de raison de rester parmi eux. Le combat spirituel est un combat d'idées, et non un combat physique. Dieu ne pouvait pas résoudre le problème en chassant physiquement Satan tant qu'il gardait son pouvoir de séduction sur les êtres célestes. Libérer le ciel de l'emprise de Satan, c'était le libérer de toutes les fausses idées et séductions qu'il insinuait dans les esprits. Sur terre, il en est de même : Satan cherche à exercer son emprise sur nos propres esprits pour en fausser les raisonnements, et obscurcir le discernement.

À la crucifixion, le *règne de Dieu* est réel dans le cœur des anges qui ne sont plus accessibles aux séductions de Satan. Le règne de Dieu commence dans le ciel sur les anges. Sur la terre, il commence individuellement au moment où le cœur de l'homme se donne tout entier à Dieu. À la fin du temps accordé à tous pour se repentir (à la fin des trompettes, ch 11), Christ prend spirituellement *possession de son règne*, c'est-à-dire du peuple de ses sujets de toutes origines, scellés par Lui (Ap 7), et reconnus par la cour céleste comme ses serviteurs (Ap 11.17). Au retour de Christ, (ch 19) le *Seigneur entrera* effectivement et concrètement *dans son règne* sur ceux qui auront été libérés de la séduction de Satan. La foule des élus l'acclamera alors aux yeux de tous.

À la mort de Christ, *Satan fut précipité sur la terre et ses anges avec lui* (v 9-10). Dans l'Ancien Testament, on vérifiait si l'accusateur était fiable, sinon on lui faisait subir le sort qu'il réclamait pour l'accusé[50]. À la croix, Satan reconnu menteur est alors refusé d'accès au ciel où plus personne ne peut le croire. Le combat se faisait auparavant à la fois dans le ciel et sur la terre. Maintenant Dieu restreint le champ d'action de Satan à la seule terre, où les hommes doivent arriver au même discernement que les êtres célestes. Le combat continue sur la terre, car le problème demeure jusqu'à ce que les esprits des hommes fassent la même démarche que les anges, et soient persuadés du mensonge des thèses et de la stratégie de Satan. Comme dans la prière du Notre Père « *Que ta volonté soit faite sur la terre comme au ciel* », ce qui

---

[50] Voir dans le livre d'Esther, l'échange entre le sort d'Haman et celui de Mardochée

s'est passé dans le ciel (Ap 12) se passera sur la terre (Ap 19).

Le combat victorieux de Christ a un second effet : il permet aux « frères » d'être eux aussi victorieux : *Ils ont vaincu à cause du sang de l'Agneau et à cause de la parole de leur témoignage* (v 11). La victoire, qui a été remportée au niveau des esprits des anges, grâce au sacrifice de Jésus, doit l'être maintenant au niveau des esprits des hommes, grâce au témoignage des élus. Les élus eux-mêmes remportent la victoire sur Satan, en se réclamant du sacrifice de Christ à leur bénéfice, et en permettant par leur témoignage que d'autres échappent à Satan et deviennent disciples de Christ.

Témoigner de ce que Dieu a fait pour nous, est nécessaire pour vaincre Satan en nous : chaque fois que nous comptons les bienfaits de Dieu, nous résistons aux idées noires et désespérantes de Satan et nous le chassons loin de nous ! Nous prouvons que l'amour désintéressé de Dieu déteint sur nous, en le vivant concrètement. On ne peut témoigner que de ce que l'on a réellement vécu !

Le changement d'état d'esprit est prouvé par le fait que « *les élus n'ont pas aimé leur vie jusqu'à craindre la mort*»[51]. L'épître aux Hébreux révèle le secret de l'asservissement à Satan : par sa mort, Jésus anéantit celui qui a la puissance de la mort, c'est-à-dire le diable, et il délivre tous ceux qui par crainte de la mort, étaient toute leur vie « *retenus dans la servitude* » par Satan. Jésus a vaincu Satan en n'ayant pas peur de la mort, et les élus n'ont plus la crainte de la mort, crainte qui les faisait pécher, car ils savent que la vie éternelle a commencé pour eux le jour où ils s'en sont remis à l'amour de Dieu manifesté dans le sacrifice de Jésus. Quand nous n'avons plus peur de la mort éternelle, Satan ne nous tient plus, comme pour Jésus. Adam, pécheur, s'est caché par peur de la mort. Le seul moyen pour Dieu de vaincre cette peur, c'était de lui promettre que Lui-même mourrait en sa faveur et remporterait la victoire sur le mal, comme le texte de Gn 3.15 le prophétise : il annonce la victoire sur le serpent par un descendant d'Eve ; au verset 21 de Gen 3, le moyen de cette victoire est illustré dans le

---

[51] Hb 2.14-15

premier sacrifice d'un animal pour revêtir le couple pécheur d'un vêtement. Celui-ci le protège, physiquement contre les intempéries du monde séparé de Dieu, moralement contre un sentiment tenace de culpabilité et de faiblesse, mais aussi spirituellement, car ce vêtement symbolise la justice accordée par Dieu à son enfant grâce au sacrifice de Jésus, pour qu'il vive la vie éternelle[52].

Le possessif de la première personne du pluriel : *nos frères* (v 10), fait penser que la voix forte dans le ciel viendrait d'un personnage qui peut s'assimiler aux hommes, serviteurs de Dieu comme lui (Ap 19.10). Qui d'autre que le Christ est notre frère [53]?

Si Satan *accuse les frères jour et nuit*, Jésus ne cesse pas non plus d'intercéder pour eux[54], de les défendre en permanence Nous pouvons nous en réjouir ! L'accusation satanique avait obligé Dieu à laisser Job, puis Jésus, faire

---

[52] Za 3.3-5
[53] Mat 12.50 ; 25.40 ; 28.10
[54] Sculpture à Notre Dame de Paris, Christ réclamant comme lui appartenant le pécheur accusé par Satan.

devant les anges, la démonstration de leur attachement inconditionnel à Dieu, par amour et non par intérêt. Elle Le contraint à laisser les élus faire la même démonstration devant les hommes, avec l'appui constant de leur Sauveur!

La chute de Satan sur terre a des conséquences multiples : « *Réjouissez-vous, cieux et vous qui habitez dans les cieux. Malheur à la terre et à la mer, car le diable est descendu vers vous...* » (v 12). Cette chute se fait par paliers, d'abord à la Création[55], lorsque Satan contesta le règne, la puissance et l'autorité de Jésus. Puis à la crucifixion, qui chassa tout doute dans l'esprit des anges. À ce moment la chute fut brutale, comme l'indique le verbe *il fut précipité*, répété trois fois dans le chapitre, car la tension était considérable dans le ciel comme sur la terre. Ensuite, chaque fois que, chez un homme, l'esprit s'illumine et s'ouvre à Dieu, comme la lumière chasse les ténèbres, Satan tombe ; en effet, Jésus dit au retour de la mission des soixante-dix disciples, qu'il « *voyait Satan tomber du ciel comme un éclair*[56] ». Enfin, la chute se

---

[55] Es 14 et Ez 28
[56] Luc 10.18

terminera à la fin des temps, lorsque Satan sera lié pour mille ans, puis jeté dans l'étang de feu de la mort définitive[57].

Le *malheur* annoncé pour la terre et la mer, n'est pas une malédiction, un sort jeté à la terre, mais un constat de la poursuite de l'œuvre néfaste de Satan parmi le peuple de Dieu symbolisé au ch13 par la terre, et parmi les nations symbolisées par la mer. Les hommes, dans l'épreuve, auront à faire le même travail de discernement du bien et du mal que les anges, avant de pouvoir eux aussi se réjouir (Ap 19.7).

Ce second tableau du ch 12, donne la clé de toute l'histoire du salut que détaillent tous les livres de la Bible. Nous pouvons nous réjouir que Dieu ait bien voulu nous la révéler à travers la vision de Michaël. Il affermit ainsi notre assurance et notre espérance de la victoire sur le mal, par et en Christ !

Après le tableau central, qui donne l'explication des personnes et des enjeux du combat céleste, le

---

[57] Ap 20.2, 10, 14-15

troisième tableau du chapitre 12 (v 13-18) reprend l'histoire là où nous avait laissés le premier tableau. Le verset 6 qui parlait de la fuite de la femme au désert, est développé par les versets 13-14. On y retrouve les mêmes personnages, la femme qui avait enfanté, et le dragon, les mêmes lieux, le désert, les mêmes temps, 1260 jours /années.

Des détails sont pourtant ajoutés :

« *Les deux ailes du grand aigle sont données à la femme* » : l'aigle est un oiseau de proie, qui dans la Bible, peut être symbole de protection des siens : « *L'Éternel a entouré son*

peuple, il en a pris soin, il l'a gardé comme la prunelle de son œil, pareil à l'aigle qui éveille sa couvée, voltige sur ses petits, déploie ses ailes, les prend, les porte sur ses plumes »[58].

---

[58] Dt 32.10-11 ;

Dans Daniel 7.25, qui parle de la même période, il s'agit d'une époque d'oppression des saints pendant un temps, des temps, la moitié d'un temps. Dans Apocalypse 12.14, il s'agit d'une époque de protection de Dieu sur son peuple réfugié au désert. Les protestants persécutés des 16ème et 17ème siècles se sont reconnus dans cette femme protégée par Dieu au désert, que ce soit dans les montagnes cévenoles ou dans les terres de refuge étrangères.

Daniel 12.7 limite le temps d'oppression sur le peuple, qu'Apocalypse 11.2-3 rappelle en disant que « les nations fouleront aux pieds la ville sainte pendant 42 mois » et « les deux témoins auront le pouvoir de prophétiser, revêtus de sacs, pendant 1260 jours ». On sait que le sac était le vêtement du deuil le plus profond. Le temps d'oppression du peuple de Dieu fut aussi le temps de proclamation de sa Parole par les « deux témoins »[59]. Le peuple de Dieu dans sa souffrance étudie la Parole pour y trouver réconfort et sens à sa vie, et la diffuse autour de lui.

---

[59] Apocalypse 11.3-12

La femme est nourrie au désert *« loin de la face du serpent »* : Cette expression évoque l'affrontement direct des forces sataniques, ou encore la fascination hypnotique du serpent qui risque de faire tomber dans la tentation, ou dans la séduction spirituelle. Le désert serait alors le lieu de purification, loin de ces séductions, où Dieu attire son Église : *« Voici, je veux l'attirer et la conduire au désert, et je parlerai à son cœur »*[60].

Le combat spirituel est acharné car *« La terre engloutit le fleuve que le dragon avait lancé de sa bouche »* (v 16) : le serpent trop éloigné, attaque par d'autres moyens, mais les moyens de Dieu pour protéger son peuple sont illimités ; ils sont symbolisés d'abord par le désert, puis par la bouche de la terre avalant le fleuve lancé par Satan contre la Femme, c'est-à-dire l'éloignement du peuple dans les montagnes et l'accueil à l'étranger, en particulier dans le nouveau monde des Amériques, que les foules de réfugiés ont contribué à peupler. Les eaux, en effet, sont d'après Ap 17.15 les peuples, les nations, les foules et les langues. Elles peuvent être symbole de purification et de

---

[60] Os 2.16-20

vie : les eaux avalées par la terre seraient alors les réfugiés, qui furent facteurs de développement des pays d'accueil. Mais les eaux sont aussi symbole de destruction et de mort lorsqu'elles sont en crue : les eaux crachées par le dragon seraient les persécutions et les oppressions lancées contre le peuple de Dieu, mais qui disparurent dans les terres de refuge. Le rapprochement en contraste de la bouche de la terre et de la bouche du dragon nous invite peut-être à y voir sur le plan spirituel, un symbole de la vérité de la Parole divine remportant la victoire sur les mensonges sataniques qui essaient de détruire la foi des croyants fidèles depuis cette époque de la Réforme et de la Contre-Réforme.

« Le dragon irrité contre la femme alla faire la guerre *aux restes de sa postérité* » (v17) : malgré la protection divine et le refuge à l'étranger, le peuple de Dieu s'est réduit comme cette expression « les restes » semble l'indiquer. De la descendance du peuple persécuté ne subsistent que « des restes[61] ». La « Femme » fidèle

---

[61] Le mot est au pluriel neutre dans le texte grec

d'Apocalypse 12 serait-elle devenue la « prostituée » d'Apocalypse 17 ?

En s'institutionnalisant et en devenant majoritaire, l'Église court le danger de ne plus s'appuyer sur ses caractéristiques spirituelles « les *commandements de Dieu et le témoignage de Jésus* », mais sur sa structure. L'Église est un corps social de solidarité, nécessaire pour véhiculer la Parole, mais elle ne peut s'en prévaloir pour prétendre définir celui qui est sauvé et celui qui ne l'est pas, ou pour s'autoproclamer « *reste* ». Seul Dieu connaît ceux qui constituent son « Reste », éparpillé parmi tous les humains de ce monde, comme il l'a fait comprendre à son prophète Élie qui se croyait resté le seul fidèle[62], au sein des persécutions du roi Achab.

Le troisième tableau de ce chapitre 12 se termine au verset 18 par la vision du dragon qui *« se tint sur le sable de la mer* : c'est-à-dire entre la terre et la mer. C'est une position différente de celle de l'ange d'Apocalypse 10.5 : « *l'ange que je voyais debout sur la terre et sur la mer* ». Cet ange avait une position d'autorité puisqu'il était au-dessus

---

[62] 1 Rois 19.14 et 18

de la terre et de la mer. Alors qu'ici le serpent, pâle imitateur de l'ange divin, a une position stratégique, prêt à intervenir d'un côté ou de l'autre, au milieu des événements qui agitent le peuple de Dieu (= sable) et les nations (= mer). Il guette sa proie, cherchant qui il va dévorer[63].

Ainsi le chapitre 12 fait comprendre aux croyants fidèles qu'ils ne sont jamais abandonnés par leur Père dans le combat dangereux que leur livre l'Adversaire. Il leur rappelle la victoire de Jésus remportée à la croix et à la résurrection, gage de leur propre victoire, pour autant qu'ils gardent les commandements de Dieu et le témoignage de Jésus, la Loi et l'Evangile, pour avoir la sagesse et la force de refuser les tentations d'idolâtrie que les puissances du monde veulent leur imposer[64].

---

[63] 1 Pi 5.8
[64] Ap 13.15,18

Tapisserie d'Angers (14ème) : le dragon délègue son pouvoir à la première Bête sortie de la mer.

Chapitre 13
Un triumvirat maléfique

Après ce chapitre synthétique de l'histoire de l'Eglise, le chapitre central de la vision opère une sorte de zoom grossissant sur les puissances humaines utilisées par Satan au cours des siècles dans sa lutte contre le peuple de Dieu. Ces acteurs responsables des souffrances des croyants se recrutent parmi les pouvoirs politiques et religieux, toujours symbolisés dans la Bible par des bêtes monstrueuses et fantastiques, réunissant toutes les caractéristiques bestiales attribuées à ceux qui n'ont pas l'Esprit de Dieu comme guide, mais qui suivent leurs instincts[65].

Si le chapitre 12 situait la lutte de Satan contre Christ et ses disciples dans le ciel, c'est-à-dire dans la sphère spirituelle, le chapitre 13 détaille comment sur terre se déroule l'histoire visible et concrète de cette lutte.

---

[65] Les bêtes désignent les systèmes qui dominent les humains. Il ne s'agit en aucun cas de stigmatiser les individus qui constituent ou suivent ces systèmes.

Aux versets 1-10, **l'apparition de la première bête** symbolique nous renvoie au livre de Daniel[66]: « *Quatre grands animaux sortirent de la mer, différents l'un de l'autre.* » Lorsqu'on examine les caractéristiques de ces quatre animaux, on s'aperçoit que la bête de l'Apocalypse les résume toutes en elle seule. Daniel avait vu l'ensemble des puissances terrestres politiques, utilisées par Satan dans sa lutte contre le peuple de Dieu, jusqu'à la fin des temps. Le dernier animal à 10 cornes est repris par Jean, avec les caractéristiques des trois précédents, et avec plus de précisions. *Semblable à un léopard*, comme le troisième animal de Daniel, elle a *des pieds comme ceux d'un ours*, second animal de Daniel, *une gueule de lion*, premier animal de Daniel, et *dix cornes* comme le dernier animal de Daniel et le dragon du chapitre 12 verset 3. Nous voyons qu'elle reçoit sa puissance du dragon lui-même (v 2b).

Que représentent les têtes et les cornes couronnées de diadèmes ? Le ch 17 de l'Apocalypse, grand chapitre des explications par l'un des anges portant une coupe, donne deux explications aux 7 *têtes* de la

---

[66] ch 7.3-8

bête[67] : ce sont 7 montagnes ou collines, dans lesquelles on peut reconnaître les sept collines de Rome, mais aussi 7 rois successifs : « *cinq sont tombés, un existe, l'autre n'est pas venu et doit rester peu de temps* »[68]. Cette succession des têtes ou rois, indiquerait la durée du pouvoir de la bête, alors que les dix cornes qui sont dix rois[69] simultanés avec la bête, représenteraient l'étendue de son pouvoir.

Dans Daniel 7, la corne était symbole de force, de pouvoir. Au verset 24, dix rois sortaient du quatrième animal ou puissance politique sous laquelle on voit l'Empire romain païen. Celui-ci est en effet tombé sous les coups des barbares et a essaimé en divers royaumes européens.

Cette puissance romaine se retrouve à travers les *diadèmes* du dragon et de la bête : le dragon a 7 diadèmes sur les 7 têtes, la bête a 10 diadèmes sur les 10 cornes. Le diadème sur les têtes symbolise la puissance royale, l'autorité du pouvoir centralisé à Rome, le diadème sur

---

[67] Ap 17.9
[68] Ap 17.10
[69] Ap 17.12

les cornes représenterait l'autorité du pouvoir politique dispersé sur les nations issues de l'empire romain.

Ce nouveau pouvoir romain symbolisé par la première bête du chapitre 13 de l'Apocalypse, est l'héritier de tous les empires précédents, dont il est issu : en effet il monte de la mer, or la mer reste le symbole biblique de l'ensemble des peuples agités[70] : « *Les eaux que tu as vues...ce sont des peuples, des foules, des nations, et des langues.* » et « *les méchants sont comme la mer agitée qui ne peut se calmer...* » [71]

Le passage de pouvoir du dragon, symbole de l'empire romain et de Satan dans le chapitre 12[72], à la bête, signifie que le pouvoir romain païen est transmis au pouvoir romain chrétien qui a exercé son autorité sur les nations en Europe pendant toute la période médiévale[73]. L'Europe divisée politiquement formait un ensemble uni par la puissance politico-religieuse de l'Eglise Romaine.

---

[70] Ap 17.15 ; Es 57.20
[71] Voir aussi Esaïe 17.12 ; Ezéchiel 26.3, 19 ; Jérémie 51.41-42
[72] Ap 12.3 et 9
[73] Suggérée par les 42 mois prophétiques du verset 5. L'identification de cette bête avec le système papal ne s'est faite qu'après coup, quand l'histoire a confirmé les détails de la prophétie.

La bête a « *sur ses têtes des noms de blasphème* » (v 1) et au verset 6 il est dit que sa « *bouche proférait des blasphèmes contre Dieu* ». Un blasphème porte atteinte à l'autorité et à l'identité même de Dieu. Rome ne s'est pas privée de prendre les titres qui ne revenaient qu'à Dieu pour les attribuer au pape : Père, Très Saint Père…Au pouvoir politique représenté par la tête blessée[74], s'ajoute un pouvoir religieux symbolisé par les noms de blasphèmes écrits sur les têtes.

Qu'est-ce que la *puissance de Satan* dont hérite la bête ? (v 2) Satan a le pouvoir de donner la mort spirituelle[75], l'excommunication prononcée par l'Eglise Romaine ne serait-elle pas l'expression concrète de ce pouvoir, quand on sait combien la papauté médiévale a utilisé cette arme pour faire plier les rois à ses volontés ? *Le trône* du dragon-empire romain païen était localisé à Rome, comme il le fut aussi et le reste encore pour l'empire romain papal.

Comment se dessine l'histoire de la bête selon ce chapitre ?

---

[74] Verset 3, Voir page suivante
[75] Mat 10.28 : Ne craignez pas ceux qui tuent le corps et qui ne peuvent tuer l'âme, mais craignez plutôt celui qui peut faire périr l'âme et le corps dans la géhenne.

« Je vis l'une de ses têtes comme blessée à mort, mais sa blessure mortelle fut guérie. Et toute la terre était dans l'admiration derrière la bête » (v 3). Ce verset offre un raccourci saisissant de l'histoire de la bête, qui n'est pas encore terminée. La blessure faite à la bête serait historiquement l'épisode de l'emprisonnement du pape en Avignon par Napoléon, qui sous l'influence des idées des Encyclopédistes et de la Révolution lui fit perdre son pouvoir politique, mais spirituellement ne peut-on pas y voir la perte d'autorité et d'influence de la papauté à cause du mouvement de la Réforme protestante ? La guérison qui provoque l'admiration de la terre entière, a commencé à notre époque, où la papauté devient incontournable pour résoudre les problèmes mondiaux (voir le rôle de la papauté dans la chute du communisme, dans le conflit yougoslave, dans celui du Moyen-Orient...). La bête guérie paraît invincible, indestructible aux yeux de tous et est respectée par tous les gouvernements mondiaux, comme le suggère le v 4 : *« ils adorèrent le dragon parce qu'il avait donné l'autorité à la bête, et ils adorèrent la bête »*. Reconnaître l'autorité de la bête en se prosternant devant elle, c'est implicitement reconnaître

l'autorité du dragon-Satan qui l'a suscitée, par ses falsifications mensongères de l'Évangile.

Satan en effet à travers cette puissance terrestre parodie par trois fois l'histoire et l'autorité du Christ :
- derrière la question posée « *Qui est semblable à la bête?* », on a un écho du nom de Micaël : « Qui est semblable à Dieu ? » que nous avons vu au chapitre 12.
- la blessure à la tête parodierait la mort de Jésus,
- la guérison et la gloire de la bête imiteraient la résurrection et l'ascension de Christ.
Cette bête a une bouche et parle, c'est-à-dire en langage biblique qu'elle prophétise, elle parle pour Dieu, mais les paroles, les lois qu'elle édicte au nom de Dieu sont arrogantes et blasphématoires. Pendant toute la durée de la persécution contre les fidèles de Dieu, ce « faux prophète » s'élève contre la personne même de Dieu *(le nom* représente la personne), contre son *temple*, lieu où Dieu demeure et est adoré, c'est-à-dire son peuple fidèle, et contre *ceux qui habitent dans le ciel.* Cette dernière expression peut désigner les armées angéliques, ou spirituellement, les convertis que Christ a fait asseoir

ensemble avec lui dans les lieux célestes[76], parce qu'ils sont mus par l'Esprit, consacrés au service de Dieu, désignés comme « *saints*[77] » au verset 7 de notre chapitre.

Derrière la bête sortie de la mer, c'est Satan qui agit et lutte contre Jésus et son peuple. C'est le même combat qu'au chapitre 12 !

Notre texte précise une durée d'exercice de ce pouvoir (v 5) « *Il lui fut donné le pouvoir d'agir pendant 42 mois* ». La durée de la puissance du quatrième animal de Daniel n'était pas déterminée ; ici elle est fixée à 42 mois ou 1260 jours/années, ce qui correspondrait selon le calcul prophétique, à la durée du pouvoir de la papauté du Moyen-Age, jusqu'à la fin du 18é siècle. Ce pouvoir s'est caractérisé au point de vue religieux, nous l'avons vu, par l'usurpation de ce qui ne revenait qu'à Dieu, et par la persécution de tous les mouvements qui cherchaient à être fidèles à la Parole de Dieu : Vaudois (disciples de Pierre Valdo), Albigeois ou Cathares, Réformés.

---

[76] Ephésiens 2.6
[77] Ce mot désigne toujours dans le Nouveau Testament les chrétiens, ceux qui sur terre servent le Christ, quels qu'ils soient.

Au verset 8, le verbe au futur *tous les habitants l'adoreront,* porte les regards sur un moment de la prophétie qui a commencé à se réaliser actuellement, sous nos yeux[78]. La papauté a retrouvé son pouvoir politique et fait l'admiration de tous, croyants ou non, que le texte révèle comme n'étant « *pas écrits sur le livre de vie de l'Agneau immolé, dès la fondation du monde* : cette expression s'applique soit à ceux qui n'ont pas été écrits sur le livre de vie[79], soit à l'Agneau immolé[80], comme le suggèrerait sa place dans le texte grec[81]. D'autres textes parlent du » *royaume préparé dès la fondation du monde pour les élus* » ou des « *hommes élus dès la fondation du monde pour être saints et irrépréhensibles devant Dieu*[82]. L'Agneau fut choisi dès la fondation du monde pour être l'auteur du salut des hommes, mais Dieu a aussi connu d'avance ceux qui répondraient à son appel. S'il a créé des

---

[78] Voir en particulier, l'aura qui entoure le pape François.
[79] Voir Ap 17.8 : *les habitants de la terre, ceux dont le nom n'a pas été écrit dans le livre de vie dès la fondation du monde*,
[80] Expression qui désigne Christ mort en sacrifice pour sauver les hommes. Jean 1.29
[81] Voir 1Pi 1.20 : *Christ comme un agneau sans défaut et sans tache, prédestiné avant la fondation du monde…*
[82] Mt 25.34, Ep 1.4

êtres libres de le choisir ou de le refuser, c'est par un effet de son amour pour une créature à son image. Mais dans sa prescience, Dieu connaît le choix de vie de chacun.

La vision de cette puissance terrestre hostile au peuple des saints de Dieu, se termine par un appel pressant aux disciples de Christ d'écouter et de comprendre ces paroles prophétiques.

Les versets 9 et 10 : « *Si quelqu'un a des oreilles, qu'il entende ! Si quelqu'un mène en captivité, il ira en captivité ; si quelqu'un tue par l'épée, il faut qu'il soit tué par l'épée ; c'est ici la persévérance et la foi des saints* », introduisent une notion de jugement et de sanction, car chacun est responsable de ses actes, pour avertir les saints et les encourager à la persévérance dans la foi, dans un monde qui sera détruit par sa propre violence[83].

A la suite de cette première bête, Jean aperçoit une *seconde bête qui monte de la terre.*

---

[83] Voir Ezéchiel 28.18 : « Je ferai sortir du milieu de toi un feu qui te dévore »

**La bête qui monte de la terre** (ch 13 v 11-18) apparaît dans la seconde moitié du chapitre 13, et *monte de la terre*. Au ch 12.16, la terre secourut la femme et ouvrit sa bouche, pour engloutir le fleuve du dragon. Nous avons vu que la terre représentait le refuge de l'Eglise persécutée. Au moment de la Réforme, les Etats-Unis d'Amérique, nouvelle puissance politique surgissant dans le monde, accueillirent tous les protestants d'Europe, et leur offrirent la possibilité de pratiquer leur foi librement. Le portrait de cette puissance nous permet de confirmer cette hypothèse. « *Elle avait deux cornes semblables à celle d'un agneau* » : les cornes restent le symbole du pouvoir politique. Celui des USA a pour fondement deux principes, apparemment sans violence, comme le symbolise l'agneau : la liberté, et la séparation de l'Eglise et de l'Etat.

Il est vrai aussi que les USA ont eu longtemps une politique non interventionniste dans le monde (voir le délai d'engagement des USA dans les deux guerres mondiales de 1914 et 1940). Mais cette politique est actuellement oubliée, l'agneau se met à *parler comme un dragon*, et intervient à tout moment pour régenter le monde, qui d'ailleurs n'attend que cela à cause de la faiblesse de sa désunion (voir la guerre du Golfe, la guerre de Yougoslavie, la loi D'Amato qui veut interdire aux entreprises du monde entier de faire des affaires avec l'Iran et la Lybie, états protecteurs du terrorisme mondial). Les USA apparaissent actuellement comme la seule super puissance qui puisse prétendre à une autorité mondiale.

Par quoi se caractérise l'action de cette deuxième bête ?

Elle exerçait toute l'autorité de la première bête en sa présence (v 12) : Les deux puissances coexistent, après la guérison de la première. Ainsi, la première bête, ou l'Eglise Romaine *dont la blessure a été guérie*, reçoit l'appui logistique et moral des USA. *L'adoration* dont cette bête sortie de la terre est l'objet dans ce verset est sans doute en préparation actuellement, quand on considère comment le protestantisme américain, politique, nationaliste et moraliste, cherche à s'imposer dans la politique fédérale, avec l'appui tacite de la papauté. Les deux puissances se soutiendraient et se renforceraient l'une l'autre pour se partager l'admiration et l'adoration des peuples. On peut en effet constater que sur bien des points moraux les évangéliques américains prônent les mêmes valeurs, les mêmes principes de vie que la papauté : sur les questions de l'avortement, du mariage, de la contraception, de la bioéthique, de l'imposition des lois chrétiennes à la société par le biais de partis politiques chrétiens, les deux mouvements chrétiens se rejoignent, au mépris du respect de la pluralité des cultures et des religions.

Il nous faut rester prudents dans nos interprétations, mais vigilants dans notre observation de l'actualité, qui pourrait réaliser cette prophétie.
Le texte continue à préciser l'action de la deuxième puissance : (v 13) « *Elle opérait de grands prodiges, même jusqu'à faire descendre le feu du ciel sur la terre à la vue des hommes* » Est-ce dans une interprétation littérale, la bombe atomique ? Ou dans une lecture symbolique, le feu de l'Esprit, comme peut le faire penser la vogue actuelle pour la « marche par l'Esprit » aux USA où se

développent les mouvements charismatiques, pentecôtistes, la Bénédiction de Toronto avec sa recherche d'extases et de transes, les manifestations religieuses spirites, les phénomènes paranormaux, etc... ?

Ces séductions et prodiges, ou signes, se font en présence de la première bête, sans doute avec sa collaboration, pour susciter une **image de la bête**.

Tapisserie d'Angers Adoration de l'image de la première bête

La troisième puissance est une image de la première, et elle est suscitée par la deuxième (Ap 13.14b-18)

Ce n'est pas la bête, mais cela doit lui ressembler. Quels sont les points de ressemblance ? La référence à la bête se fait sur sa blessure guérie. Qu'est-ce qui a permis à la bête blessée de subsister ? Nous avons vu l'effondrement à notre époque des systèmes politiques à prétention universelle comme le nazisme ou le communisme. Mais en jouant sur les deux tableaux, politique et religieux, la première bête est arrivée à survivre. La troisième puissance dont l'éclosion est favorisée par la puissance américaine doit donc, comme la première bête, allier un pouvoir religieux à un pouvoir politique. On s'est longtemps interrogé sur la nature et l'identité de cette « image de la bête », représentée dans l'iconographie apocalyptique du Moyen-Age, comme une statue, sosie de la première bête à 10 cornes et sept têtes, adorée par tous les habitants de la terre.

Aujourd'hui, plusieurs détails de la prophétie nous apparaissent plus compréhensibles. Cette troisième puissance, n'est pas figée comme une statue ; elle est animée, c'est-à-dire qu'elle agit auprès de tous, avec l'aide dans son apparition et son développement, de la deuxième puissance (v 14-15). De plus, elle parle comme la première bête qui blasphémait. Dans le langage biblique, parler c'est prophétiser, parler de la part de Dieu. Or que dit ce « nouveau prophète » ? Il ordonne de mettre à mort tous ceux qui ne l'adorent pas ! C'est pourquoi cette image de la bête n'apparaît plus dans la suite de l'Apocalypse que sous le nom de « faux prophète[84] ». Cette troisième puissance allie donc le politique et le religieux contre ceux qui refusent de l'adorer, contre le peuple fidèle à l'Agneau qui sera décrit au chapitre 14 suivant. En outre au verset 16, on voit qu'elle impose un pouvoir économique sur toute la terre, maîtrisant toutes les transactions financières, imposant sa marque dans les consciences, symbolisées par le front, ou dans les actions de ses sujets, représentées par la main ; de gré ou de force, volontairement ou seulement de façade, ces sujets se plieraient à l'autorité triple de cette troisième puissance, religieuse, politique et économique.

---

[84] Ap 16.13 ; 20.10

Quelle est cette marque imposée par elle ? L'apôtre Jean insiste par la répétition du mot « chiffre ou nombre » (v 18), pour inviter à demander à Dieu la sagesse et l'intelligence pour *calculer le chiffre de la bête, chiffre 666, chiffre d'homme !*

On sait que très tôt, les Hébreux ont attribué aux chiffres une valeur symbolique très forte. Les chiffres 3 et 7 en particulier, si fréquents dans la Bible, sont employés pour désigner quelque chose de véridique, qui vient de Dieu, lui-même trinitaire. Voyez la répétition des questions de Jésus à Pierre après sa résurrection, les trois appels de Dieu au jeune Samuel, les trois apôtres choisis par Jésus pour être témoins de sa transfiguration[85]. Quant au chiffre 7, sur lequel est construit tout le livre de l'Apocalypse, il exprime la plénitude, la « complétude », la perfection divine. En opposition, le chiffre 6 que nous trouvons dans la marque de la bête, d'un point inférieur au 7 de la perfection, qualifié de chiffre d'homme, marquerait l'imperfection de la créature humaine « de peu inférieure à Dieu »[86], à son image et appelée à lui

---

[85] Jean 21.15-17 ; 1 Samuel 3 ; Luc 9.28.
[86] Psaume 8.6

ressembler, mais qui n'est pas Dieu ! Or la tentation de l'homme comme de Satan n'a-t-elle pas toujours été de devenir dieu et d'être adoré de tous[87] ? C'est pourquoi ce 6, marque de l'humain, est répété trois fois, **666**, en copie imparfaite de la Trinité. La volonté de la troisième puissance terrestre est d'être adorée universellement comme Dieu et elle n'accepte aucune contradiction ou opposition à son pouvoir, même sur le plan économique qu'elle finit par dominer[88].

Comment identifier cette puissance totalitaire, coexistant avec les deux autres puissances mondiales, à la fin des temps puisqu'il n'y en pas d'autre de mentionnée après elle ? Qui incarnerait cette volonté de domination de toute la terre sous un joug religieux réclamant l'adoration et parlant en « faux-prophète » tout en massacrant les réfractaires, un joug politique s'imposant de gré ou de force dans toutes les catégories sociales, et un joug économique contrôlant toutes les transactions financières et commerciales ?

---

[87] Genèse 3.5 ; Esaïe 14.13
[88] Ap 13.16-17.

Notre époque de la fin du 20ème siècle et du début du 21ème vit un bouleversement des événements et des puissances dans le monde. Le système de la papauté retrouve son influence politique et religieuse parmi les états et les peuples, la puissance des Etats-Unis d'Amérique affirme avec grondements son autorité de première puissance politique mondiale. Ce qu'on sait moins, c'est que pour des raisons économiques, à cause de ses énormes besoins en énergie pétrolière, cette puissance a favorisé l'émergence sur la scène mondiale des Etats arabes du Moyen-Orient, riches en pétrole. Forts de cette richesse, ces Etats ont imposé leurs prix, puis ils ont infiltré les peuples avec la religion de l'Islam, prêchée par leur « prophète », et qui prétend s'étendre à tous, en persécutant ses opposants, les chrétiens en particulier. L'arme nouvelle du terrorisme permet à l'Islam wahabite intégriste de toucher au cœur le monde occidental qui est considéré par lui comme chrétien dans son ensemble. Ne serait-ce pas la situation symbolisée par les chevaux apparus à la 6ème trompette[89], qui aveuglent

---

[89] Ap 9.17-19

par leurs mensonges et tuent physiquement le tiers des hommes[90] ?

Face à ces trois superpuissances, que nous décrit le chapitre 13, qui sont ceux « qui pourraient subsister », selon la formule déjà employée à la fin des sceaux[91] ? En parallèle avec le chapitre 7 qui répondait à cette question, le chapitre 14 donne la solution, pour que le lecteur ne désespère pas devant les puissances totalitaires.

Tapisserie d'Angers, Adoration de l'Agneau

---

[90] Voir p 177-180 dans « Le message d'espérance de l'Apocalypse » de l'auteur.(Ed Bod)
[91] Ap 6.17

Chapitre 14
L'Agneau et les 144000

Quel contraste entre la puissance bestiale de ces trois pouvoirs terrestres, animés d'esprits impurs[92], qui sèment le trouble, la haine et la violence dans le monde, et *l'Agneau debout sur la montagne de Sion* !

Cette nouvelle « bête », symbole de la douceur et de la faiblesse, a déjà été décrite au début de la séquence des sceaux ; elle porte la cicatrice de son immolation en faveur des hommes, allusion claire au sacrifice de la croix suivi de la résurrection ; l'Agneau est habité des sept esprits de Dieu et tient à la main le livre scellé de sept sceaux[93]. Jean le visionnaire, a pu contempler précédemment[94] ce que l'ouverture de ces sceaux et les trompettes qui l'accompagnaient, annonçaient pour la terre, un tri parmi les hommes appelés à se déterminer sur l'objet de leur adoration. La vision centrale de l'Apocalypse faisant la synthèse de l'histoire spirituelle de l'humanité, il ne faut pas s'étonner de retrouver au

---
[92] Ap 6.13
[93] Ap 5.6-7
[94] Ap chapitres 6-11

chapitre 14, le même contexte de choix entre deux sortes d'adoration, celle des puissances terrestres en place et celle de l'Agneau Sauveur des hommes par son sacrifice en leur faveur. De même, nous voyons réapparaître ici le peuple des 144000, scellés du sceau de l'Esprit qui leur permet de subsister malgré les tentations et les épreuves, et de rester debout, fermes et fidèles, devant leur Sauveur.

(Beatus 12ème siècle)

La montagne de Sion où ils adorent l'Agneau, est le nom donné à la cité de David, et par extension à toute la ville de Jérusalem, où Salomon construisit le temple qui abritait l'arche de l'Alliance. Ce haut-lieu d'adoration est devenu pour les apôtres le symbole du peuple de Dieu[95], sanctuaire au sein duquel Christ est proclamé, adoré et servi, puis symbole de la cité spirituelle du Dieu vivant[96]. Les adorateurs de l'Agneau ne sont donc pas encore enlevés au ciel, car Jésus n'est pas encore revenu[97] et les morts ne sont pas ressuscités. C'est donc sur terre que Christ est adoré, comme Agneau immolé, c'est-à-dire comme s'étant sacrifié par amour pour sauver les hommes de la séparation définitive d'avec Dieu, qu'encourt leur état de pécheurs.

Qui sont ces adorateurs qui portent « le nom de l'Agneau et de son Père écrit sur leur front », v1 ? Au chapitre 7, nous avons déjà eu un portrait de ce groupe de croyants qui résistent aux puissances humaines et subsistent malgré les tribulations. En effet, issus symboliquement des tribus israélites libérées de

---

[95] 1Rois 8.1 ; Romains 9.32 ; 1 Pierre 2.6
[96] Hébreux 12.22
[97] Ce sera décrit au chapitre 19.

l'esclavage et conduites par Dieu vers la Terre promise[98], les 144000 représentent ces croyants « scellés par l'Esprit Saint » qui les habite et les protège des tentations d'idolâtrie qui les entourent.

Le nombre qui compose ce groupe, carré de 12 multiplié par 1000[99], indique que ce peuple de Dieu est innombrable aux yeux des hommes, mais parfaitement défini et connu par Dieu.

Si le nom de Christ et de Dieu est inscrit sur leur front, c'est qu'ils se distinguent parmi la grande foule des rachetés de tous les temps, par plusieurs traits caractéristiques :

- L'époque où ils apparaissent, au 6ème sceau qui révèle l'état de l'humanité à la fin des temps, et face aux trois puissances dominatrices de la terre[100] qui imposent la « marque de la bête » ;

---

[98] Ap 7.5-8 : la tribu de Dan ayant manifesté son indépendance dans l'attribution des territoires (Josué 19.47)et étant tombée dans l'idolâtrie sous Jéroboam (1Rois 12.28-29) s'est disqualifiée pour le salut. Elle est remplacée dans la liste de l'Apocalypse par celle de Manassé, second fils de Joseph.
[99] 12 est le chiffre symbole du peuple de Dieu, que l'on retrouve dans les douze patriarches, et les douze apôtres.
[100] Ap 6.12-8.1 ; 13.1-18

- La fidélité à l'Agneau, leur foi dans un Sauveur humble, qui les a libérés de leur péché[101] ;

- La persévérance dans la foi, rendant un culte à Dieu « nuit et jour dans son temple »[102] ;

- La perspicacité du moment qu'ils vivent : ils se tiennent debout devant le trône de Dieu, sans crainte devant leur Juge, car ils se savent pardonnés et justifiés par Christ, comme leur robe blanche le symbolise[103], ayant été rachetés de la terre, et consacrés à Dieu[104].

- Leur mission parmi les vivants des derniers temps ; à la suite de l'Agneau ils annoncent l'Evangile Eternel à tous, et appellent les hommes à revenir à l'adoration de leur Créateur et de leur Juge, avant que ne s'écroule ce monde de confusion et de violence, nommé symboliquement Babylone[105].

En effet ce groupe des 144000, produit curieusement un « bruit de tonnerre dont le son est celui de joueurs de harpes », (v 2) ! Il n'y a pas plus grand contraste !

---

[101] Ap 7.14
[102] Ap 7.15
[103] Id.
[104] Ap 14.3 et 4
[105] Ap 14.4-11

Bibliquement le tonnerre ou le souffle violent accompagnent toujours les théophanies, c'est-à-dire les manifestations de la puissance de Dieu[106]. D'autre part la harpe était jouée par David pour calmer les accès de fureur incontrôlable du roi Saül, et favorisait le don de prophétie dans les écoles de prophètes et parmi les chantres du temple[107]. Ces 144000 sont des messagers de paix, qui portent à tous la Parole de Dieu, la Bonne Nouvelle du salut en Jésus-Christ, dont la révélation interpelle et bouleverse à l'égal des forts coups de tonnerre d'un orage.

Leur cantique est nouveau par rapport aux chants habituels de louange à Dieu, parce que les temps sont nouveaux : ils sont seuls à savoir que le jugement de Dieu a commencé comme l'indique la présence du trône, des quatre êtres vivants et des vingt-quatre anciens assis sur des trônes[108].

---

[106] Voir au Sinaï pour la promulgation de la loi Ex 19.16 ; et à la Pentecôte Actes 2.2.
[107] 1 Samuel 16.23 ; 10.5 ; 1 Chroniques 25.1,3
[108] Ap 14.3 et 7 et ch 4-5. Pour plus de détails, voir « Le message d'espérance de l'Apocalypse » de l'auteur (Ed Bod)

Ce groupe de croyants se distingue encore par l'absence d'idolâtrie. Leur « virginité » n'est pas physique mais spirituelle, selon les images symboliques de la Bible où les « femmes » avec qui on se prostitue, représentent les idoles, et « l'adultère » symbolise l'infidélité à Dieu, l'Epoux de l'Eglise, pure et sans tache parce qu'ayant reçu de Lui pardon et purification, elle lui est entièrement consacrée[109].

Enfin, leur parole est véridique, car leur message développé dans les versets suivants[110] s'appuie sur l'Evangile éternel, la Bonne Nouvelle annoncée auparavant par les prophètes, vécue par Jésus-Christ et propagée dans le monde entier par ses disciples[111].

Par la figure de style de la métonymie ou de l'allégorie[112], les messages proclamés par ces 144000, sont désignés comme étant trois anges « volant au milieu du

---

[109] Ap 19.7-8
[110] Ap 14.4-5 puis 6-12
[111] Romains 1.2-5a ; Hébreux 1.1-2
[112] **Métonymie** = Remplacement d'un élément par un autre élément appartenant au même ensemble logique : Ici anges ou messagers mis pour messages. **Allégorie** = Personnification d'une idée abstraite.

ciel », donc bien visibles. C'est-à-dire que ces messages sont spirituels et entendus par tous sur la terre (Ap 14.6).

Quels sont ces trois messages annoncés par les 144000 rachetés pour interpeller les incroyants et les croyants ?

Le premier message leur rappelle que c'est Dieu qu'il faut adorer, vénérer ou « craindre », pour deux raisons : son jugement a commencé, et Il est le Créateur !

Que signifie donc *« rendre gloire à Dieu car l'heure de son jugement est venu* ! » Parler de jugement ne provoque-t-il pas la peur de la condamnation ? « Dans la Bible, le jugement est d'abord une libération du peuple de Dieu. Ce sens de délivrance apparaît nettement dans de nombreux textes : « Jésus a été établi par Dieu juge des vivants et des morts. Quiconque croit en lui reçoit par son nom le pardon des péchés » ; « L'Éternel Dieu jugera son peuple, il aura pitié de ses serviteurs » ; « Il est réservé aux hommes de mourir une seule fois, après quoi vient le jugement, de même Christ qui s'est offert une seule fois pour porter les péchés de plusieurs, apparaîtra sans péché une seconde fois à ceux qui l'attendent pour leur salut »[113]: le jugement est directement lié au salut, à la délivrance. Or, qui dit libération, sous-entend élimination des forces tyranniques qui oppriment. Le jugement biblique a donc deux faces indissociables : un côté positif de libération, réhabilitation de ceux qui ont cru en Dieu et en son Fils, ou ont obéi à la loi d'amour de leur conscience[114], et un côté négatif d'élimination de ceux qui ont rejeté Dieu, ou la voix de leur conscience »[115].

Les 144000 croyants vivants à la dernière époque du monde, attentifs aux prophéties apocalyptiques de l'Ancien Testament, et particulièrement à celles de Daniel[116], ont pu comprendre que Christ était entré dans la dernière phase de son ministère céleste avant son retour en gloire, celle de la purification de son sanctuaire[117], que les rites du Jour des Expiations prophétisaient. Les deux paraboles de Matthieu 24 et 25, le bon et le mauvais serviteur et les dix vierges font

---

[113] Ac 10.42-43 ; Dt 32.36 et Ps 135.14 ; Héb 9.27-28.
[114] Mat 25.31-45 ; Rom 2.13-16
[115] Passage tiré des pages 38-39 du « Message d'espérance de l'Apocalypse » déjà cité
[116] Daniel ch 7-9
[117] Daniel 8.14

comprendre en quoi consiste cette purification : d'un côté il s'agit de reconnaître parmi les hommes qui se réclament de Christ, ceux qui sont fidèles à son service dans la foi en son sacrifice et qui entreront dans le Royaume à son retour, et de l'autre côté il faut déterminer ceux qui ont négligé ou méprisé la grâce divine, en comptant sur leurs œuvres pour obtenir le salut. Le tri s'opère de lui-même par les choix, les attitudes que prennent les croyants dans les épreuves et les circonstances de leur vie, ce qui fait que le jugement de Dieu n'est qu'un constat, une révélation de l'état de leur cœur, comme nous le suggère le récit du jugement de Salomon[118]. Les fidèles, confiants dans la grâce de Dieu, ne peuvent que se réjouir et rendre gloire à Dieu pour la proche libération du mal dans le monde, que prépare ce jugement de Dieu.

D'autre part, « rendre gloire à Dieu » est synonyme dans la Bible de se repentir. Josué demande à Acan, reconnu coupable de vol dans le butin de guerre consacré à Dieu, de « rendre gloire à Dieu » avant de

---

[118] 1 Rois 3.16-28

subir la peine de sa faute, c'est-à-dire de se repentir et demander pardon avant de mourir[119]. Les 144000 invitent les hommes à se repentir et à revenir à Dieu, avant que les conséquences de leurs méfaits ne détruisent la terre.

Ils les appellent aussi à reconnaître dans ce Dieu-Juge le Créateur de toutes les sources de leur vie, l'air ou ciel, la terre, la mer, les sources d'eaux. On peut s'étonner de cet appel qui accompagne celui du repentir ! Ne signifierait-il pas qu'à l'époque où il est lancé, la création est contestée comme œuvre d'un Créateur divin, et que l'environnement naturel des hommes se trouve atteint jusque dans ses sources de vie ? A la septième trompette annonçant le retour de Jésus, les 24 anciens de la cour céleste n'adorent-ils pas le Dieu Tout-Puissant parce que « le temps est venu de récompenser ses serviteurs… et de détruire ceux qui détruisent la terre[120] » ? Ne voyons-nous pas sous nos yeux s'accomplir cette partie de la vision de Jean ? La

---

[119] Josué 7.19. Le pardon n'empêche pas le coupable de subir les conséquences de sa faute, voir David qui après avoir reconnu son péché, est pardonné mais subit les conséquences de son adultère (2 Samuel 12.13-14
[120] Apocalypse 11.18

conscience de ce verdict a d'ailleurs fait naître parmi les hommes un mouvement écologique qui se préoccupe des suites des inconséquences humaines sur l'environnement. En ayant renié le Créateur[121], les hommes ont cru que la terre leur appartenait et pouvait être exploitée à outrance pour satisfaire leur cupidité, leur amour de l'argent et du pouvoir. Peu à peu ils l'épuisent et la détruisent sans espoir de retour ! Le premier message des 144000 est tout à fait adéquat, pour les ramener à la raison, et à …l'adoration du Créateur, en se détournant de l'idolâtrie des grandes puissances « bestiales » du chapitre 13.

Le second message des 144000 (v 8) fait intervenir pour la première fois dans le livre de l'Apocalypse le nom de Babylone. Ce nom de la capitale de l'empire perse, où furent exilés les gens de Jérusalem en 586 av JC était devenu dans l'Ancien Testament le symbole d'une puissance totalitaire et persécutrice, où régnait la confusion, à la suite du récit de la tour de Babel, origine de la ville, où le langage commun fut éparpillé en langues

---

[121] Darwin et l'évolutionnisme sont concomitants avec les débuts de l'ère industrielle, à la fin du 19ème siècle.

diverses et incompréhensibles pour tous[122]. Babylone, siège de la confusion spirituelle et de l'idolâtrie désignée dans notre texte comme de « l'inconduite », s'oppose à Jérusalem, siège du peuple fidèle à Dieu. Le chapitre 17 de l'Apocalypse précise que c'est le nom donné à la « femme assise sur la bête écarlate à sept têtes et dix cornes, et qui tient une coupe remplie des impuretés de son inconduite »[123]. Au chapitre 12 nous avons vu que la femme symbolisait le peuple de Dieu. Sa fuite devant le dragon se soldait par une perte importante puisqu'il n'en subsistait qu'un reste fidèle (v17). La femme du ch 14, portant le nom de Babylone pourrait alors symboliser la partie infidèle de l'Eglise, remplie de confusion spirituelle et d'idolâtrie, qui s'appuie sur le pouvoir temporel de Rome. Le second message des 144000 prophétiserait la chute de cette Eglise, la voyant par anticipation déjà accomplie (le verbe « tomber » est au passé), pour alerter les destinataires du message sur l'état inéluctable de cette Eglise, malgré ses apparences de grandeur et de puissance.

---

[122] Genèse 11
[123] Apocalypse 17.4-5

Le troisième message beaucoup plus développé, avertit sous forme de menace de subir le même sort que Babylone, les hommes qui portent le nom de la bête et son image et se prosternent devant elles. Nous retrouvons les révélations du chapitre 13, et la condamnation à mort de tous ceux qui ne suivent pas l'Agneau, c'est-à-dire qui ne reconnaissent pas son sacrifice en leur faveur. Les images traditionnelles et typiques de la culture hébraïque, de leur mort définitive sous forme de « feu, de soufre, de fumée et de tourments éternels » ont donné lieu à la conception effrayante de l'enfer éternel, qui ne correspond pas à la vision biblique de la mort. Celle-ci en effet entraine la disparition totale de l'être, corps, âme et esprit, tout entre dans le tombeau, mais la personne reste dans le souvenir de Dieu jusqu'au jour de la résurrection des morts. Les images sulfureuses de l'enfer sont le reflet des peurs de l'homme et n'ont pour but que de détourner les vivants de leur mauvaise conduite et de leurs idolâtries, qui les plongent déjà sur cette terre dans les tourments et l'absence de repos, spirituellement parlant ; mais elles ne décrivent pas une réalité de l'au-delà, qui telle quelle serait bien contraire à l'amour de Dieu et à sa justice : comment un Dieu d'amour supporterait-il de voir souffrir éternellement ses enfants pécheurs, et serait-il juste de leur infliger un châtiment perpétuel pour une vie si courte ! C'est une marque d'amour et de justice de les condamner à disparaître définitivement, privés d'un Royaume dont ils n'ont pas voulu.

À la suite de ces trois messages de mise en garde, le visionnaire s'adresse aux fidèles, aux « saints » consacrés à Dieu, pour les encourager à la persévérance dans la foi de Jésus ou en Jésus, qui se marque par leur obéissance aux commandements divins. On ne peut mieux relier Ancien et Nouveau Testaments ! Ils ont un même message de salut par grâce offert à tous, et reçu dans la reconnaissance manifestée par une obéissance volontaire et librement consentie aux commandements de Dieu. Or, parmi ces commandements, il en est un justement qui invite au respect du septième jour comme jour de repos prescrit par le Créateur lui-même, pour le bien de ses créatures humaines[124]. Le premier message se

---

[124] Exode 20.8-11 // Genèse 21-3 4.13 ; Marc 2.27-28.

trouve ainsi confirmé par cet encouragement aux croyants.

Le paragraphe central de ce chapitre 14 se termine sur une béatitude (v 13) propre à rassurer les lecteurs de l'époque de Jean et de tous les temps, inquiets du sort des croyants déjà morts avant le retour de Christ qu'ils croyaient très proche. Ils sont morts dans la foi, ils se reposent dans le sommeil de la mort[125]., mais Dieu se souvient d'eux et de leur vie, même si leurs œuvres disparaissent de la terre avec eux

Le dernier tableau du chapitre 14 décrit sous les images de **la moisson et de la vendange,** le tri qui s'opère pendant la période de proclamation des trois messages par les 144000, période où chacun est appelé à choisir qui il veut adorer, l'Agneau ou l'image de la bête.

La métaphore de la moisson est courante dans la Bible dans un contexte de jugement aux temps de la fin[126]. Jésus lui-même l'emploie pour désigner la fin du monde où la bonne semence, symbole du peuple de Dieu, sera

---

[125] Marc 5.39 ; Jean 11.11-14 ; 1 Thes 4.14
[126] Joël 4.13 (3.18) ; Mat 13.30, 39 ; Marc 4.29

moissonnée par les anges, et séparée de l'ivraie, représentant les « fils du Malin qui commettent l'iniquité », qui seront jetés au feu. Dans l'Apocalypse, l'ivraie est remplacée par la vendange à cause de la coutume de fouler aux pieds les grappes de raisin. L'image en devient plus forte et insiste sur la quantité du jus assimilé au sang par sa couleur. Dans la vigne de la terre, représentant l'humanité ou le peuple qui se dit croyant[127] (?), le nombre des refoulés du Royaume serait-il bien supérieur à celui des élus moissonnés ?

Le personnage qui préside à ces récoltes dans la métaphore du chapitre 14 de l'Apocalypse, est le même, il a l'apparence d'un Ange du Seigneur, semblable à un fils d'homme, couronné d'or et tenant une faucille d'or à la main. Il ne vient pas encore sur la terre, il est « assis » sur les nuées. Tous ces détails nous font penser au tableau de Daniel 7.13 : « un fils d'homme s'approche sur les nuées de l'Ancien des jours ». Le fait que dans notre texte le Fils d'homme, nom que Jésus se donnait, soit « assis » sur les nuées et non en marche, est à rapprocher du chapitre 5,

---

[127] Esaïe 5.1-7

où l'Agneau est assis sur le trône de Dieu, pour accomplir une dernière œuvre avant son retour : le tri entre ceux qui entreront dans son Royaume, et ceux qui ne pourront pas y entrer. Ainsi la fin du chapitre 14, marque le résultat de ce jugement qui a débuté à l'époque de la septième et dernière Eglise, celle de Laodicée (ch 3.14-22), et dont Dieu nous a révélé les principes et le commencement aux chapitres 4 et 5[128].

Le Fils de 'homme à la faucille reçoit l'ordre de Dieu, symbolisé par les deux anges à la voix forte, qui sortent du temple ou de l'autel des holocaustes. Seul Dieu connaît l'heure de son jugement et peut en donner le signal. Christ le Fils de l'homme accomplit lui-même la moisson, tandis que la vendange est cueillie par son serviteur l'ange préposé au feu de l'autel. On retrouve ici l'image de chapitre 8.5 : « l'ange à l'encensoir prit le feu de l'autel pour le jeter sur la terre », ou celle d'Ezéchiel 9.5 et 10.2 où un « chérubin prit du feu d'entre les chérubins » pour exercer le jugement de Dieu contre la ville de Jérusalem infidèle. La cuve où le raisin est foulé se

---

[128] Voir « le message d'espérance de l'Apocalypse » de l'auteur.

trouve hors de la ville, cité de Dieu, selon la coutume de ne pas souiller la ville sainte avec le sang des condamnés. C'est ainsi que Christ fut trainé hors de Jérusalem, sur le Golgotha, pour être crucifié. Dans la scène de jugement de la vendange des impies, leur élimination de la Jérusalem céleste est symbolisé par ce sang qui coule hors de la ville, sur une étendue de 1600 stades, la longueur approximative de la Palestine. Ce nombre qui conclut le chapitre, fait pendant à celui des 144000 au début du chapitre. Sachant que ce nombre est composé du carré de 4, symbolisant le monde entier, multiplié par 100, nombre de l'abondance comme 1000, on peut y voir le symbole de l'accomplissement total du jugement exercé sur le monde.

Ainsi se terminent ces trois chapitres qui résument tout ce qui a été révélé au visionnaire Jean sur l'événement attendu par tous les croyants, le Jour du Seigneur, jour de délivrance qui fait l'espérance de son peuple fidèle, mais jour terrible de détresse et de dévastation[129], pour ceux qui ont refusé les appels et la grâce de Dieu.

---

[129] Sophonie 1.14-17 ; Joël 3.5 ; 4.13-16

Conclusion

L'étude de ces trois chapitres au centre du livre de l'Apocalypse, nous a permis, je l'espère, de porter un regard perspicace sur le déroulement de l'histoire de l'Eglise, de sa fondation avec la première venue de Christ, aux derniers temps avant le retour glorieux du Sauveur. Il y a plus de 2000ans, Jean en avait eu la révélation dans une vision grandiose, mais complètement incompréhensible pour lui, qui vivait tout au début de cette histoire. Peut-être pouvait-il saisir mieux que nous le symbolisme des images, car il était imprégné des Ecritures de l'Ancien Testament d'où elles étaient tirées. Mais n'ayant pas vu la réalisation des prophéties, il n'avait que la foi en Christ pour les accréditer. Au cours des siècles les chrétiens ont tenté d'actualiser ces prophéties à leur époque, avec plus ou moins de bonheur, car bien des détails restaient obscurs, n'étant pas encore accomplis. Mais ce qu'ils voyaient se réaliser soutenait leur foi dans la Parole de Dieu selon ce que Jésus avait averti : « Lorsque vous verrez ces choses arriver, levez vos têtes parce que votre délivrance approche …et sachez que le Royaume de Dieu est proche[130] ».

La vision centrale nous a permis, à nous chrétiens des derniers temps, de comprendre que bien des prophéties s'étaient déjà réalisées, et qu'elles continuaient à s'accomplir sous nos yeux, de sorte que nous nous sentons beaucoup plus concernés par leurs révélations. La lutte ancestrale entre la Femme-Eglise et le Dragon-Satan touche à sa fin et cela invite instamment l'Eglise à remplir sa mission d'appeler les hommes à revenir à Dieu pour entrer dans son Royaume. Nous sommes persuadés que le tri parmi les hommes est en train de s'opérer à notre insu le plus souvent, avant que Christ revienne en gloire et ressuscite ou régénère les croyants.

Comment pouvons-nous faire entendre au monde qu'il est temps de s'éveiller et de voir le chemin qui mène à la Vie ? Ce n'est pas tout de proclamer le message des 144000 du chapitre 14, car les paroles s'envolent ou sont mal interprétées. Le portrait qui nous est fait de ces messagers de la dernière heure nous révèle que les

---

[130] Luc 21.28,31

messages proclamés ne sont crédibles que s'ils sont vécus personnellement par ceux qui les diffusent. Nous sommes ainsi amenés à examiner ce qui habite profondément notre cœur : Qui adorons-nous en vérité ? Les idoles et les puissances modernes, ou Jésus-Christ mort et ressuscité pour nous donner la Vie ? Que traduisent nos actes, nos comportements, nos propos et même nos pensées : l'amour pour notre Créateur et Sauveur, ou la crainte d'un Dieu qui scrute et punit les fautes, et la soumission aveugle aux tyrans de la terre ? Participons-nous à la violence et la haine qui règnent dans le monde, ou manifestons-nous la douceur et l'amour fraternel des enfants de Dieu ?

Que l'interprétation contemporaine de ces trois chapitres de l'Apocalypse renouvelle notre foi et notre espérance dans la fidélité de notre Dieu, et nous encourage à participer activement à son œuvre de salut pour le plus grand nombre possible d'appelés.

Table des matières

Introduction .... .p 11

Chapitre 12 : La femme et le dragon 1.............p 15
  Michaël et le dragon....................p 27
  La femme et le dragon 2.............. .p 43

Chapitre 13 : Un triumvirat maléfique.............p 51
  La bête qui monte de la mer ....p 52
  La bête qui vient de la terre...........p 61
  Image de la bête........................p 65

Chapitre 14 : l'Agneau et les 144000...............p 71
  Premier message ....p 78
  Deuxième message.....................p 82
  Troisième message.....................p 83
  Moisson et vendange...................p 86

Conclusion ....p 91

Table des matières ....p 95